PAUSE LE(

Élisa et le secret d'Élio

Niveau **2 - A1**

SYLVIE POISSON-QUINTON

PAUSE LECTURE FACILE

Direction de la production éditoriale : Béatrice Rego – Édition : Élisabeth Fersen – Marketing : Thierry Lucas – Conception graphique, couverture et mise en page : Miz'enpage – Illustrations : Marcelo Benitez / Adriana Canizo – Recherche iconographique : Clémence Zagorski – Enregistrements : Vincent Bund – CLE International / SEJER, 2012 – ISBN : 978-20-903-1420-5

Photos : Couverture : ph © Ivan Roth/iStockphoto • Drapeau Belge : ph © moonrun / Fotolia • Drapeau Libanais : ph © DomLortha / Fotolia • Drapeau Brésilien : ph © Loic LE BRUSQ / Fotolia • Temple de Baalbeck : ph © pascal bierret / Fotolia

Sommaire

Présentation

Genre Romanesque et mystère

Résumé Le nouvel élève du collège, Élio, est super beau... et super mystérieux !
Élisa et sa copine Samira décident de savoir plus de choses sur sa vie. Élio a un secret, c'est sûr, mais lequel ? Les deux amies vont le découvrir.

Thèmes Vie au collège – premier amour, premières jalousies – situation des étrangers en France.

Les personnages

Élisa
Elle habite à Paris.
Elle raconte l'histoire.

Samira
C'est la copine
préférée d'Élisa.

Ben
C'est le voisin d'Élisa
et il est dans sa classe.

Élio
Il est nouveau dans
la classe. Il vient du
Liban.

Chloé
C'est la jolie fille de la
classe. Elle n'est pas
très amie d'Élisa.

1. Coche la bonne réponse.

Qu'est-ce que tu crois ? Dans ce livre, on parle...

a. d'aventures exotiques. .... ❑

b. d'un voyage à l'étranger. .... ❑

c. d'un mystère. .... ❑

2. Regarde les images page 4. Qui sont les personnages principaux ? Dis pourquoi ?

....

3. Coche la bonne réponse.

Élio vient du Liban. Ce pays est situé...

a. en Afrique. .... ❑

b. en Amérique. .... ❑

c. au Proche-Orient. .... ❑

d. en Extrême-Orient. .... ❑

4. Entoure la bonne réponse.

Élisa a douze ans et elle est en 6e.

La sixième, c'est la **première – deuxième - troisième** classe du collège.

5. Réponds.

Avant le collège, il y a l'école primaire. Et après le collège,

il y a le ....

6. Réponds.

Élisa écrit chaque jour dans son journal intime. De quoi elle peut parler ? Donne trois exemples.

....

CHAPITRE UN

Moi, Élisa, 6e 2

On est en vacances et je ne sais pas quoi faire. Mes parents sont au travail, mon frère est chez un copain. Je suis toute seule à la maison. Qu'est-ce que je peux faire ? Je vais commencer un journal[1].

1. Un journal : cahier où on écrit des choses personnelles.

Je m'appelle Élisa et **aujourd'hui**, j'ai douze ans. Je mesure un mètre quarante-six, j'ai les cheveux courts, bruns et des lunettes. J'habite à Paris, dans le XXe arrondissement[2], avec mes parents et mon frère. Ma mère est infirmière dans un hôpital. Et mon père travaille dans une banque.

Mon frère s'appelle Stan, il a quinze ans. Il va au lycée, en seconde. Moi, je vais au collège près de chez moi ; je suis en sixième. J'ai beaucoup de copines et UNE amie, Samira.

Mon collège, c'est le collège *Garcia Lorca*. C'est assez sympa, pas très grand. Dans ma classe, on est 28 élèves. Il y a une fille qui s'appelle Chloé. Elle est orgueilleuse et les filles ne l'aiment pas beaucoup.

Les garçons : deux ne sont pas sympas, Sami et Kevin ; ils embêtent[3] tout le monde (surtout les filles !). Il y a un garçon super, Ben. C'est mon voisin et on est copains. Ma mère et sa mère sont aussi copines. Le problème, c'est que Ben est amoureux[4] de Chloé... je crois.

Et maintenant, les profs. Monsieur Ferrier, le prof de maths, est sévère mais juste. Moi, j'aime bien les maths et j'ai des bonnes notes. Samira, ma copine, est nulle. Elle déteste ça !

En français, c'est madame Loiseau. Elle est sympa... trop, surtout avec Kevin et Sami. Ils sont toujours au fond de la classe et font des bêtises[5] ! Ils lancent des crayons, des gommes, ils écrivent sur la table, ils font des avions en papier... et, elle, elle

2. Paris a 20 arrondissements (secteurs).
3. Embêter : importuner.
4. Amoureux (euse) : qui aime une personne.
5. Une bêtise : une chose, une action stupide.

ne dit rien[6] ! Ben est génial en français ! Moi... ça va...

En anglais, on a un nouveau prof. Il parle en anglais tout le temps. On ne comprend rien !

Ah, il y a aussi la prof d'histoire-géo. Elle, on l'adore ! Elle raconte très bien des histoires sur les Pharaons. Et là, Sami est tranquille... le cours l'intéresse... normal, son père est égyptien !

Et les autres... En SVT, elle est INSUPPORTABLE ! En gym, c'est un jeune. Il s'appelle Thomas. Et...

Ah ! Maman arrive ! Nous allons faire le gâteau. Rappel : **ce soir, c'est mon anniversaire** !

Une chose très **importante** : depuis la rentrée de novembre, il y a un nouveau, Élio. Il ne parle pas beaucoup mais il est BEAU ! Il est grand, brun, avec des yeux magnifiques.

Chloé fait des manières[7] avec lui, naturellement ! Elle le regarde tout le temps !!!

Il vient du Liban. Il n'aime pas beaucoup parler de son pays. Il habite avec son père. Ils sont en France depuis deux ans mais ils habitent dans le quartier depuis deux mois seulement. Sa mère ? Mystère ! Elle est au Liban, je crois...

Bon, à demain. Ça y est ! Maman m'appelle ! Ciao.

---

6. *Elle ne dit rien* : elle ne dit pas un seul mot de reproche,
   elle a une attitude passive avec les élèves qui perturbent la classe.
7. Faire des manières : ne pas être naturel(le), être sophistiqué(e).

⚠ Activités chapitre un

1. Entoure la bonne réponse.

a. Élisa a — 10 ans. — 12 ans. — 14 ans.

b. Sa mère est — médecin. — professeur. — infirmière.

c. Élio est — français. — libanais — russe.

d. Le collège s'appelle

Garcia Lorca. — Victor Hugo. — Henri IV.

e. L'amie d'Élisa, c'est

Samira. — Chloé. — Vanessa.

2. Vrai, faux ou on ne sait ? Coche.

	VRAI	FAUX	ON NE SAIT PAS
a. Le frère d'Élisa va à l'école primaire.	❑	❑	❑
b. Les filles de la classe n'aiment pas beaucoup Chloé.	❑	❑	❑
c. Élisa est brune et elle a des lunettes.	❑	❑	❑
d. Elle adore son prof de musique.	❑	❑	❑
e. Elle est copine avec Kevin.	❑	❑	❑
f. Elle est bonne en maths.	❑	❑	❑

3. Complète les phrases avec les mots suivants.

histoires - voisin - avions - gâteau - banque

a. Le père d'Élisa travaille dans une ....

b. Kevin et Samir font des .... en papier.

c. Ben est le .... d'Élisa.

d. La prof d'histoire-géo raconte très bien des .... sur les Pharaons.

e. Élisa et sa mère vont faire un .... pour son anniversaire.

4. Relie la phrase au nom.

a. Il lance des gommes.   •   • 1. Élio

b. Il est sévère.   •   • 2. Chloé

c. Il est jeune.   •   • 3. Thomas

d. Il est beau.   •   • 4. Monsieur Ferrier

e. Elle est orgueilleuse.   •   • 5. Madame Loiseau

f. Elle est sympa.   •   • 6. Sami

5. Trouve le contraire de ces adjectifs dans le texte.

a. laid : ....

b. vieux : ....

c. petit : ....

d. court : ....

CHAPITRE DEUX

Élio a un secret !

4 JANVIER

C'est le jour de la rentrée, un lundi tout blanc. Il neige depuis deux jours. On se lance des boules de neige dans la rue. On est excités et très contents de voir à nouveau les copains. Les vacances, c'est bien mais c'est un peu long. Je suis furieuse : j'ai de la neige dans le cou... un « cadeau » de Kevin mais Samira est là !... Vlan !... Kevin reçoit une énorme boule de neige... Merci, Samira !

La porte s'ouvre : tout le monde est tranquille maintenant et on entre dans la cour. Pour nous, les 6e 2, le lundi commence par le cours de français.

Naturellement, Chloé arrive en retard. Elle a une nouvelle veste en jean et une grosse écharpe[1] rose, neuve aussi. Et des bottes. Les garçons la regardent, les filles aussi, d'une autre manière... Je ne l'aime pas mais c'est vrai... elle est belle, Chloé, avec ses cheveux blonds et ses yeux bleus...

Il y a trois absents : Yannick, Élio et Baba (souvent malade le

---

1. Écharpe : quand il fait froid, on met une écharpe en laine autour du cou pour se protéger.

lundi matin !). Personne[2] ne veut travailler... se montrer les cadeaux de Noël, c'est plus intéressant ! Sami a des baskets Adidas neuves, Léa un joli bracelet, beaucoup ont des téléphones portables... Théo est super content, il montre à tout le monde son cadeau, un petit *I-Phone* noir, super ! Son père est riche. Mais pauvre Théo... il est à côté de Kevin : Kevin prend le téléphone et le passe à son copain Sami... Sami le passe à Ben... et Théo ne peut pas protester : les téléphones sont interdits[3] au collège !

Le cours se termine. Ben donne le *I-Phone* à Théo. On sort vite, on a cours de maths maintenant et le prof est sévère avec les élèves en retard.

Pendant les cours de monsieur Ferrier, Kevin et Sami sont toujours tranquilles. Assis au fond de la classe, ils dorment à moitié[4].

Tiens ! Élio arrive. Une heure de retard ! Il n'est pas content... ça se voit. Il s'installe à sa place sans dire un mot à Théo... Théo montre à Élio son nouveau téléphone mais Élio ne le regarde pas. Théo sait que le père d'Élio n'a pas beaucoup d'argent... il ne peut pas faire de cadeaux à son fils... Élio est peut-être un peu jaloux[5]...

Dix heures : récréation. Il neige, nous allons dans le préau[6].

2. Personne : 0 personne, pas une seule personne.
3. Interdit : qui n'est pas permis, autorisé.
4. À moitié : à 50 %.
5. Jaloux : envieux , qui désire les objets, les choses que les autres ont car il ne peut pas les avoir.
6. Un préau : quand il pleut ou quand il fait froid, les élèves sont dans le préau car c'est couvert.

Nous, les filles, on est ensemble, on parle. Chloé est seule et lit. Ben propose à Élio de jouer mais il ne veut pas. Il reste assis sur un banc.

Quoi ! Chloé se lève et elle va vers le banc. Elle parle à Élio. Il répond ! On s'arrête toutes de parler pour regarder ça... C'est vraiment étrange !

Moi, je suis furieuse. Qu'est-ce qu'elle imagine, Chloé... que tous les garçons sont amoureux d'elle ! Et Ben ! Il regarde Chloé... il n'est pas content... normal, il est amoureux d'elle, on le sait !

ⓘ Activités chapitre deux

1. Entoure la bonne réponse.

a. Quel temps fait-il ?   Il pleut.   Il fait chaud.   Il neige.

b. Le 1er cours, c'est   français.   maths.   anglais.

c. Qui est souvent absent le lundi ?

                                              Baba   Élio.   Ben.

d. Qui arrive très en retard ?   Baba.   Élio.   Ben.

e. Qu'est-ce qui est interdit au collège ?

        Les téléphones.   Les livres.   Les sacs à dos.

f. Qui est amoureux de Chloé ?   Yannick.   Ben.   Théo.

2. La récréation. Vrai ou faux ? Coche.

	VRAI	FAUX
a. Le matin, elle est à onze heures.	❑	❑
b. Aujourd'hui, les élèves sont dans le préau.	❑	❑
c. Les filles et les garçons jouent toujours ensemble.	❑	❑
d. Chloé parle avec ses amies.	❑	❑
e. Chloé va parler avec Élio.	❑	❑

3. Relie les cadeaux de Noël aux personnages.

a. Des baskets neuves. •   • 1. Théo

b. Un bracelet.   •   • 2. Sami

c. Un *I-phone*.   •   • 3. Léa

4. Trouve le contraire de ces adjectifs dans le texte.

a. contente : f...

b. minuscule : é ....

c. excité : t...

d. indulgent : s...

5. Complète la description de Chloé.

Chloé a les cheveux ...., les .... bleus. Elle porte une .... en jean, une écharpe .... et des bottes. Elle est ....

CHAPITRE TROIS

Provocations

8 JANVIER

15 h : cours de français. Là, c'est cool[1]. La prof donne un travail : écrire un texte sur nos vacances de Noël. En vingt minutes, fini ! Et maintenant, mon cher journal !

C'est le dernier jour de la semaine. Ouf ! Le vendredi, c'est long : on commence à huit heures et on termine à cinq heures ! L'horreur !

Je regarde autour de moi : Kevin fait des bêtises, comme toujours. Il écrit un petit mot[2] et l'envoie à... Attention ! À qui ? Pas à Baba, pas à Théo... Tiens ! À Chloé ! Elle lit et, rouge comme une tomate, elle déchire[3] le mot. Elle ne regarde pas Kevin. Il écrit un autre message. Cette fois, c'est pour... Élio ! Tiens, tiens ! Il lit le mot mais... rien !

Fin du cours. Madame Loiseau prend les devoirs. On sort de la classe. Sami passe à côté d'Élio et dit quelque chose[4]...

1. *C'est cool* (familier) : c'est super, c'est tranquille.
2. Un petit mot : un message.
3. Déchirer : mettre en petits morceaux, en pièces.
4. Quelque chose : une chose, un mot mais on ne sait pas quelle chose ni quel mot.

quoi ? je ne sais pas. Élio lève le bras pour frapper[5] Sami. Aïe, aïe, aïe ! Il est plus grand et plus fort que Sami. Et il n'aime pas qu'on parle mal de lui, de sa famille ou de son pays... Il va le massacrer[6] ! Eh bien, non ?! Il baisse le bras et s'arrête là. Il ne dit pas un mot, prend son sac et part. Sami et Kevin sont stupéfaits. Moi aussi !

Mais ça ne dure pas. Sami et Kevin courent derrière lui... « Tu as peur de te battre[7], c'est ça ! », dit Kevin... Mon Dieu, qu'est-ce qui va se passer ? Les surveillants sont dans la cour

5. Frapper quelqu'un : lui donner un coup.
6. Massacrer quelqu'un : le tuer, l'assassiner.
7. Se battre : lutter.

mais... ils ne surveillent pas beaucoup. Ben veut faire quelque chose... Élio ne dit rien mais il est tout blanc. Ce n'est pas possible ! Il est trois fois plus fort qu'eux !

Finalement, avec Samira, on appelle les surveillants et les choses se terminent là.

Le cours de maths se passe bien. Ferrier a des yeux partout et il ne plaisante[8] pas. Si un élève fait une bêtise, il arrête de parler, regarde l'élève dans les yeux et dit d'un ton sévère : « Chez le directeur, s'il te plaît ! Immédiatement ! » Et on obéit sans problème !

Je regarde Élio et Chloé mais... impossible de savoir ce qui se passe... Ils écoutent le prof tranquillement. Étrange, très étrange !

À la fin du cours, c'est sûr, Sami et Kevin vont attendre Élio et... ça va être dur ! Ah, dring, dring ! Ça sonne. Ferrier nous donne **huit** exercices pour lundi et avec un sourire froid, il nous dit : « Bon week-end », le monstre !

Chloé dit quelque chose à Ervin mais Élio fait un petit geste[9] de la main et part. Chloé part aussi, dans la même direction. J'ai envie de rire[10] parce que Sami et Kevin restent là, sans bouger. Mais je suis aussi un peu jalouse. Il se passe quelque chose entre Chloé et Élio... et tout le monde pense comme moi, je le sens !

---

8. *Il ne plaisante pas.* : il est très strict, très sévère.
9. Un petit geste : un petit mouvement.
10. J'ai envie de rire : la scène m'amuse et je veux rire mais je ne peux pas.

⑪ Activités chapitre trois

1. Les cours. Entoure la bonne réponse.

a. Le vendredi, Élisa termine le collège à   15 h.   17 h.   18 h.

b. Pour Élisa, le vendredi est un jour qui   est long.   passe vite.

c. En cours de français, les élèves

font de la grammaire.   écrivent un texte.

d. Le professeur de maths

donne des devoirs.   ne donne pas de devoirs.

2. L'incident. Vrai ou faux ? Coche.

	VRAI	FAUX
a. Élio écrit un mot à Kevin.	❏	❏
b. Élio veut frapper Sami.	❏	❏
c. Sami et Élio se battent.	❏	❏
d. Sami est plus fort qu'Élio.	❏	❏

3. Imagine le message que Kevin envoie à Chloé.

....

....

....

4. Pourquoi… ? Parce que… Réponds.

a. Pourquoi les élèves ont un peu peur de monsieur Ferrier ?

....

b. Pourquoi Élisa dit que monsieur Ferrier est un monstre ?

....

c. Pourquoi Élisa est un peu jalouse ? ....

d. Pourquoi Kevin et Sami sont stupéfaits ?

....

5. Cherche, dans la grille, l'adjectif qui convient et complète la phrase.

a. Élio est plus .... que Sami et Kevin.

b. Quand il est fâché, monsieur Ferrier a un ton ....

c. Et il a aussi un sourire ....

d. Élisa est un peu .... parce qu'il se passe quelque chose entre Élio et Chloé.

e. Quand elle lit le mot, Chloé est .... comme une tomate.

D	A	F	J	S	U	T	S
E	D	R	E	O	K	N	E
A	R	O	U	G	E	O	V
F	E	I	G	A	S	A	E
O	B	D	A	F	D	O	R
A	J	A	L	O	U	S	E
P	O	Q	U	R	E	M	I
B	N	E	M	T	S	E	P

CHAPITRE QUATRE

On décide de suivre[1] Élio

DIMANCHE

Je me dispute avec maman, elle trouve que je suis trop sur *Facebook*. Elle aussi, elle passe des heures sur Internet !

LUNDI

Je prends un autre chemin pour aller au collège. Élio habite près de la rue des Pyrénées. Où exactement ? Je ne sais pas. Je vais passer par là. Qu'est-ce que je vois ? Élio avec Chloé ! Ils descendent tranquillement la rue des Pyrénées et bavardent[2]. Je marche derrière eux, discrètement. Quand ils arrivent à deux cents mètres du collège, Élio s'arrête. Chloé entre dans la cour. Élio entre un peu après moi.

Je ne suis pas folle[3], j'ai raison : il y a quelque chose entre eux !!! Je raconte ça à Samira ; sa réponse : « Tu as trop d'ima-

---

1. Suivre quelqu'un : aller derrière, mais la personne ne le sait pas.
2. Ils bavardent : ils parlent ensemble comme deux amis.
3. fou, folle : contraire de raisonnable.

gination ! » D'accord !

Premier cours : maths. Après, cours d'histoire : tout est normal. Kevin et Sami dorment. Tous les dimanches soirs, ils sont sur Internet jusqu'à minuit ! Sûr !

Pendant la récré, ils se réveillent et embêtent à nouveau Élio. Ils sont vraiment insupportables !!! Chloé reste avec nous, étrange ! En général, elle préfère être seule. Sympas, Samira et moi, on décide de parler avec elle. En vérité, on veut savoir plus de choses sur son histoire avec Élio... mais, comment faire ? Quelles questions poser ?

Élio reste à côté des surveillants. Il n'est pas en forme ce

matin. Kevin envoie le ballon dans ses jambes. Élio ne dit rien, comme vendredi ! Mais pourquoi ? je ne comprends pas...

Cours d'EPS. Élio est super génial au foot, tout le monde veut être dans son équipe mais aujourd'hui, il ne veut pas jouer. Il dit au prof qu'il a mal à la tête et il va voir l'infirmière du collège. Samira demande à Théo, son copain : « Pourquoi Élio est différent depuis la rentrée ? » « Sa mère est au Liban avec sa petite sœur. Elle ne téléphone pas beaucoup. C'est pour ça qu'il est bizarre[4], répond Théo, mais c'est un secret, il ne faut pas le répéter, OK ? » OK...

Le lundi, l'après-midi est tranquille. À deux heures, on a un cours d'arts plastiques. Cette année, on va faire une expo photo sur les nuages à Paris. J'ai un nouvel appareil très mignon (cadeau pour mes douze ans !)... le week-end prochain, je vais prendre des photos.

Avec ma copine, on décide de suivre Élio après le collège. On arrive rue des Pyrénées, pas de problème. On est maintenant devant le *Monoprix*[5]. Zut !, Élio regarde derrière lui et nous voit ! Il entre dans le magasin, on entre aussi mais... où est-il ? On cherche partout mais rien !

On sort du *Monoprix*. Tiens ! Chloé ! Elle habite donc par là, elle aussi ! Elle nous voit et elle paraît gênée[6]. Elle tourne rue Saint-Marcel. Elle entre dans un immeuble gris, assez grand, pas très beau... Elle habite là, c'est sûr.

---

4. Bizarre : étrange, qui a un comportement pas habituel.
5. *Monoprix* : supermarché, magasin généraliste.
6. Gênée : mal à l'aise, perturbée.

⒒ Activités chapitre quatre

1. Élisa. Coche les phrases vraies.

a. Élisa aime bien correspondre avec ses copines sur *Facebook*. ❏

b. Sa mère trouve ça très bien. ❏

c. Elle va faire un travail sur les arbres pour le cours d'arts plastiques. ❏

d. Elle décide de suivre Élio pour comprendre ce qui se passe. ❏

2. Élio. Vrai ou faux ? Coche.

	VRAI	FAUX
a. Élio est très bon au basket.	❏	❏
b. Il habite dans la rue des Alpes.	❏	❏
c. Il a une petite sœur.	❏	❏
d. Sa mère téléphone souvent.	❏	❏

3. Selon Théo, pourquoi Élio est *bizarre* depuis la rentrée.
Réponds avec une petite phrase.

....

....

4. Relie la question à sa réponse.

a. Qui est génial au foot ?   •   •   1. Samira.

b. Avec qui Élisa suit Élio ?   •   •   2. Élio.

c. Qui habite au Liban ?   •   •   3. Kevin.

d. Qui embête à nouveau Élio ?   •   •   4. Chloé.

e. Qui va au collège avec Élio ?   •   •   5. La mère d'Élio.

5. Complète les phrases avec un mot du texte.

a. Pour jouer au foot, il faut un _ _ _ _ _ _

b. Pour faire des photos, il faut un _ _ _ _ _ _ _ _

c. Au collège, quand on est malade, on va voir l'_ _ _ _ _ _ _ _ _ _

d. Une chose qu'on ne peut pas répéter, c'est un _ _ _ _ _ _

6. Dans le texte, trouve les verbes contraires.

a. dormir : ....

b. monter : ....

c. partir : ....

d. sortir : ....

CHAPITRE CINQ

On veut tout savoir

MARDI

Pendant la journée, toute la classe observe Élio et Chloé. Mais ils ne se parlent pas. Pendant la récréation, à dix heures, on est avec elle, Samira et moi. Voilà notre dialogue (exactement !) :

– Salut, Chloé. Tu habites près de chez Élio, non ?

– Euh… oui, je crois qu'il habite près de chez moi.

– Et… vous vous voyez souvent ?

– Bof, non… de temps en temps à *Monoprix*. C'est tout.

– Tu sais pourquoi il est bizarre depuis Noël ? Il a des problèmes ?

– Je ne sais pas.

Elle est toute rouge. C'est sûr, il y a quelque chose ! Je dis à Samira de suivre Élio après le collège, comme hier.

MIDI. FIN DU COURS DE SVT

Kevin dit une horreur sur le père d'Élio (je ne peux pas répéter, c'est **trop laid**). Élio se lève, furieux, mais Théo est plus rapide : il saute sur Kevin et ils se battent.

La prof crie :

– Qu'est-ce qui se passe ?! Vos carnets de correspondance[1], s'il vous plaît ! Je veux voir vos parents jeudi, à six heures.

Élio explique :

– Madame, c'est à cause de moi...

– Ça suffit ! Je convoque ton père aussi... ?

Élio ne répond pas. Il sort de la classe.

QUATRE HEURES. LA SORTIE

Il pleut. Ben vient avec nous.

Samira a une grosse écharpe. Ben a un bonnet sur les yeux

1. Un carnet de correspondance : un carnet de liaison entre
   les professeurs et les parents.

et moi, un grand parapluie[2]. C'est comme dans un film policier ! Élio regarde derrière lui deux ou trois fois mais il y a beaucoup de monde dans la rue. Il ne nous voit pas. Super ! Tiens ! Bizarre. Il entre dans une pharmacie, sort avec un sac ; puis, dans une boulangerie, et sort avec une baguette. Normal ! Après, il va à *Leader Price* et sort... sans rien. On continue... et on arrive rue Saint-Marcel. Il tourne là. Tiens ! Comme Chloé hier ! Il va chez elle ? Mais oui, c'est sûr, il s'arrête devant le grand immeuble gris. Je ne suis pas contente, vous pouvez me croire !

Alors il regarde derrière lui et il nous voit. Il est furieux !

Je préfère écrire notre conversation.

ÉLIO : Bon, ça suffit. Vous me suivez depuis deux jours ! Stop ! Qu'est-ce que vous voulez, à la fin ?

SAMIRA : Écoute, Élio, on t'aime bien, tu sais. On est préoccupés... tu n'es pas en forme depuis la rentrée...

ÉLIO : Et alors ?

BEN : OK... cool, Élio ! C'est vrai, tu es un bon copain. Si tu as des problèmes, on peut peut-être t'aider...

Moi, je ne dis rien... mais je regarde Élio avec insistance !

Silence pendant une minute. Puis Élio dit :

- Bon, très bien. Vous voulez savoir ? Eh bien, venez !

On monte jusqu'au sixième étage (sans ascenseur !). Il s'arrête devant une porte blanche, sort sa clé[3] et ouvre. On entre derrière lui. On va enfin tout savoir !

2. Un parapluie : on ouvre son parapluie pour se protéger de la pluie.
3. Une clé : on ouvre une porte avec une clé.

Activités chapitre cinq

1. Coche les phrases vraies.

a. Quand les jeunes sortent du collège, il neige. ❑

b. Ben accompagne Samira et Chloé. ❑

c. Samira entre dans une pharmacie. ❑

d. Élio est content de voir Ben, Samira et Élisa. ❑

e. Élio invite ses amis à monter chez lui. ❑

2. Relie la question à sa réponse.

a. Est-ce que Chloé voit souvent Élio ? •   • 1. Une écharpe.

b. Kevin dit une chose horrible sur qui,
exactement ? •   • 2. Rue Saint-Marcel.

c. Qu'est-ce que Samira a autour du cou ? •   • 3. Quelquefois,
à *Monoprix*.

d. Dans la boulangerie, Élio achète quoi ? •   • 4. Le père d'Élio.

e. Élio tourne dans quelle rue ? •   • 5. Une baguette.

3. Donne l'infinitif des verbes soulignés.

a. Élio ne <u>répond</u> pas. ....

b. On <u>veut</u> tout savoir. ....

c. Il ne nous <u>voit</u> pas. ....

d. Il <u>sort</u> avec un sac. ....

e. Vous me <u>suivez</u> depuis deux jours. ....

f. Je ne <u>dis</u> rien. ....

4. Rue des Pyrénées... Élio, Élisa, Samira et Ben.
Donne à chaque personnage les objets qui sont à lui.

a.

b.

c.

d.

1.

2.

3.

4.

CHAPITRE SIX

Le secret d'Élio

Il y a une seule pièce[1], pas très grande. Au fond, deux lits superposés[2]. Et dans le lit du bas, il y a un homme. Il dort.
Mais surtout, il y a... Chloé! Elle prépare un thé. Comme chez elle! Mais c'est peut-être **ici**, chez elle !? Mais alors, Élio ? Il a une clé, il habite donc là, lui aussi! Mais il y a deux lits seulement... Alors... Qu'est-ce que ça signifie ?

Chloé s'approche du lit, une tasse à la main. Elle nous voit!
Imaginez sa surprise... Toute rouge, elle dit :
– J'habite au 5e étage, au-dessous. J'aide un peu...
Le monsieur se réveille. Il commence à tousser, à tousser...
Élio donne un mouchoir[3] à l'homme. L'homme tousse à nouveau et crache[4] du sang dans le mouchoir ! Mon Dieu, du sang ! C'est terrible !
Chloé donne un peu de thé à l'homme. Il arrête de tousser. Il

---

1. Une pièce : le salon, la cuisine, la chambre sont différentes pièces de la maison.
2. Deux lits superposés : un lit au-dessus d'un autre.
3. Un mouchoir : un morceau de tissu ou de papier... on l'utilise quand on a un rhume.
4. Cracher : projeter hors de la bouche.

parle à Élio dans sa langue. Élio répond. Il explique qui nous sommes, c'est sûr !

– Mon père est malade depuis trois semaines, dit Élio. Il ne peut pas travailler et...

Je crie :

– Il doit aller à l'hôpital ! Élio, il doit aller à l'hôpital, tu m'entends ! Ma mère est infirmière, je sais que c'est grave quand on crache du sang !

Élio répond d'une voix triste :

– Je sais. Il ne veut pas. Mon père n'a pas de papiers... sa situation est compliquée... Il ne peut pas aller à l'hôpital parce qu'il peut avoir des problèmes avec la police. Mais je fais tout

pour lui. J'achète des médicaments...
– Quels médicaments tu donnes à ton père ?
Je prends le sac de la pharmacie : dedans, il y a un sirop pour la toux et des bonbons à la menthe.
Ben dit :
– Élio, écoute-moi. Tout le monde peut aller à l'hôpital. Sans papiers, c'est possible aussi. Je le sais, mon oncle est avocat.
Et moi :
– Ma mère travaille à l'hôpital Tenon. Elle peut s'occuper de tout. Elle va vous aider !

Élio traduit pour son père.
– Il ne veut pas, dit Élio, à cause de moi... Aller à l'hôpital, ça veut dire, pour moi, aller dans un foyer[5]. Et mon père ne veut pas... il pense que je vais être malheureux[6].
– Élio, c'est trop grave... Fais quelque chose et vite !
C'est moi, la super timide, qui parle comme ça ! Moi, Élisa... le *gros bébé*, comme dit ma mère...

SAMEDI

Je sors de l'hôpital avec Samira et Chloé (ma nouvelle super copine). Le père d'Élio est là depuis hier. Il a la tuberculose mais le médecin est optimiste. Il doit rester quelques semaines à l'hôpital.
Élio n'est pas dans un foyer. Il habite chez Ben, dans la chambre de sa sœur (elle est en Angleterre pour toute l'année). Et comme Ben est mon voisin..... Oh là là !

5. Un foyer : comme une pension pour les enfants tout seuls (sans parents).
6. Malheureux : triste, pas heureux.

Activités chapitre six

1. Coche les phrases vraies.

a. Élio habite au 5ᵉ étage. ❏

b. Son appartement est très grand. ❏

c. Chloé habite dans le même immeuble. ❏

d. Le père d'Élio est malade. ❏

2. Entoure la bonne réponse.

a. Chloé est **contente   surprise   furieuse** de voir Élisa
et ses amis.

b. Elle prépare **du thé   de la soupe   du café** pour le père d'Élio.

c. Le père d'Élio est malade depuis **3 jours   3 semaines   3 mois**.

d. Il a peur d'avoir des problèmes avec **sa femme   les parents de Chloé
la police**.

3. Qu'est-ce qu'il y a dans le sac de la pharmacie ?

.... et ....

Vous pensez que c'est efficace contre la tuberculose ?

....

4. Cherche, dans la grille, quatre mots du texte qui appartiennent au monde médical.

A	H	O	P	I	T	A	L	P	Z
N	U	T	F	Z	O	C	U	H	A
V	O	U	X	G	N	T	O	A	B
I	N	F	I	R	M	I	E	R	E
P	W	E	N	Q	G	O	A	M	L
U	F	K	L	B	D	H	Y	A	S
M	E	D	E	C	I	N	S	C	X
H	X	T	A	H	O	B	Y	I	O
A	E	R	Y	L	J	F	S	E	P

5. Coche. Vrai ou faux.

	VRAI	FAUX
a. Le père d'Élio va à l'hôpital.	❑	❑
b. Élio va dans un foyer.	❑	❑
c. Chloé et Élisa sont enfin amies.	❑	❑
d. L'histoire se termine bien.	❑	❑

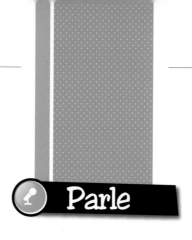

Parle

1. Est-ce que, dans ton collège, il y a des élèves comme Chloé ? **Raconte**.

2. Quels cours tu as le vendredi ? C'est une journée difficile ?

3. Pendant la récréation, qu'est-ce que font les filles ? Et les garçons ?

4. Élisa et ses copains sont souvent sur *Facebook*. **Et toi ?**

5. Qu'est-ce que tu préfères, un professeur comme monsieur Ferrier ou un professeur comme madame Loiseau ? **Justifie ta réponse**.

6. Est-ce que tu penses qu'Élisa est une fille sympathique ? Et Chloé ? **Justifie ta réponse**.

JEU DE RÔLES
Par groupes de cinq (Élio, Chloé, Élisa, Ben, Samira), jouez la dernière scène (chez Élio). Utilisez les phrases des dialogues du Chapitre 6 mais imaginez aussi d'autres phrases.

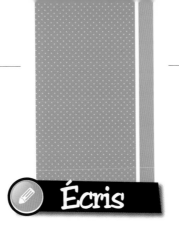

1. Imagine un autre titre pour cette histoire.

....

....

....

....

2. Écris trois phrases pour décrire la nouvelle relation entre Chloé et Élisa.

Exemple : Le mercredi après-midi, Chloé et Élisa vont à la pisicine ensemble.

....

....

....

....

3. Ben envoie un e-mail à sa sœur qui est en Angleterre. Il lui dit qu'Élio habite chez eux et il lui explique pourquoi.

....

....

....

....

Test final : ? Tu as tout compris ?

Réponds, regarde les solutions et compte tes points.

1. Élisa habite...

     a. à Paris, dans le xe arrondissement. .... ❏

     b. à Paris, dans le xxe arrondissement. .... ❏

     c. près de Paris. .... ❏

2. La mère d'Élisa est...

     a. infirmière. .... ❏

     b. avocate. .... ❏

     c. professeur. .... ❏

3. Élio joue très bien...

     a. au volley.. ❏

     b. au football... ❏

     c. au basket... ❏

4. Le cadeau d'Élisa pour ses 12 ans, c'est...

     a. un téléphone portable. .... ❏

     b. un bracelet. .... ❏

     c. un appareil photo. .... ❏

5. Le professeur de maths est...

    a. sympa. .... ❏

    b. pas très sévère. .... ❏

    c. très sévère mais juste. .... ❏

6. Élisa est jalouse de Chloé...

    a. parce qu'elle aime Élio. .... ❏

    b. parce que Chloé est très bonne élève. .... ❏

    c. parce que Chloé est riche. .... ❏

7. Chloé habite...

    a. au même étage qu'Élio. .... ❏

    b. à l'étage au-dessus (au 7e). .... ❏

    c. à l'étage au-dessous (au 5e). .... ❏

8. Chez Élio, il y a...

    a. une seule pièce. .... ❏

    b. deux pièces. .... ❏

    c. trois pièces. .... ❏

9. Le père d'Élio a...

    a. une bronchite. .... ❏

    b. la tuberculose. .... ❏

    c. des rhumatismes. .... ❏

10. Le père d'Élio va être à l'hôpital...

    a. quelques jours. .... ❏

    b. quelques semaines. .... ❏

    c. quelques mois. .... ❏

Le Liban

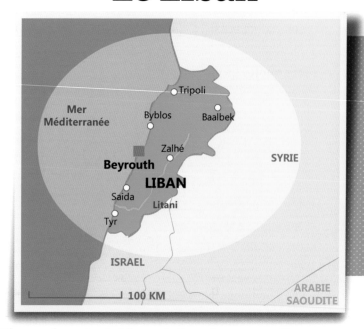

1. Observe la carte du Liban et réponds aux questions.

a. Comment s'appelle la capitale ?...

b. Quels sont les pays voisins ?   ....

2. À ton avis, quel est le drapeau libanais ? Coche.

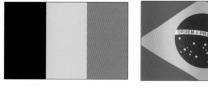
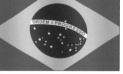

a. ❑   b. ❑   c. ❑

3. Quelle est la langue officielle du Liban ? Coche la bonne réponse.

a. Le russe ❑   **b.** L'arabe ❑   **c.** Le chinois ❑

4. Complète la phrase.

Au Liban, les gens parlent aussi .... (45%) et anglais (40%).

5. Observe cette photo. Ce monument date...

a. de l'époque romaine. ❑   **b.** du xxᵉ siècle. ❑   **c.** du xviiiᵉ siècle. ❑

Solutions

Projet : 10200480
Dépôt légal : avril 2012
Achevé d'imprimer en France en septembre 2013
sur les presses de l'imprimerie Clerc, 18200 Saint-Amand-Montrond

Le papier de cet ouvrage est composé de fibres naturelles,
renouvelables, fabriquées à partir de bois provenant
de forêts gérées de manière responsable.